中国武术故事

我们的国粹

杨祥全 编著

天津出版传媒集团
新蕾出版社

图书在版编目(CIP)数据

中国武术故事 / 杨祥全编著. -- 天津：新蕾出版社, 2022.3(2023.5 重印)
（我们的国粹）
ISBN 978-7-5307-7221-8

Ⅰ.①中… Ⅱ.①杨… Ⅲ.①武术-中国-通俗读物 Ⅳ.①G852-49

中国版本图书馆 CIP 数据核字（2021）第 117592 号

书　　名：中国武术故事　ZHONGGUO WUSHU GUSHI
出版发行：天津出版传媒集团
　　　　　新蕾出版社
http://www.newbuds.com.cn
地　　址：天津市和平区西康路 35 号（300051）
出 版 人：马玉秀
电　　话：总编办（022）23332422
　　　　　发行部（022）23332351　23332679
传　　真：（022）23332422
经　　销：全国新华书店
印　　刷：天津海顺印业包装有限公司
开　　本：787mm×1092mm　1/16
字　　数：66 千字
印　　张：8
版　　次：2022 年 3 月第 1 版　2023 年 5 月第 3 次印刷
定　　价：30.00 元

著作权所有，请勿擅用本书制作各类出版物，违者必究。
如发现印、装质量问题，影响阅读，请与本社发行部联系调换。
地址：天津市和平区西康路 35 号
电话：（022）23332677　邮编：300051

序 言

为什么要读国学？

由新蕾出版社约请专家学者编写的中华优秀传统文化启蒙读物——"我们的国粹"丛书与大家见面了，这是新蕾出版社开发的学生启蒙系列图书之一。

启蒙，通俗地说，就是自古相传至今的"发蒙"。"发蒙"这个词最早见于《周易》，后来专门用来指通过识字读书而逐渐脱离懵懂无知的状态。所以一直到今天，进入学校开始识字仍然被老辈人称作"发蒙"。

中华传统文化是中华民族创造的具有伟大成就的文化系统，也是人类历史上迄今为止唯一得到了一脉相承的延续与发展而从未断灭的文化系统。我们应当了解中华先民创业的艰辛，熟悉中华民族优秀的历史传统，把握中华文化的精神特质，自觉地成为中华文化的当代传人。这样，在国学方面的"发蒙"就是不可或缺的了。普及国学知识，进行文化启蒙，"我们的国粹"丛书正可以起到这样的作用。

除此之外，对于正确对待国学，本丛书还有另外一种意义上的"启蒙"，即去除偏见以走出蒙昧。当下应当清除的对于国学的最大的偏见，就是仍然有些人把国学归结为腐朽落后的东西。这种偏见会不自觉地影响到少年儿童，从长远看会危及他们的文化认同感和民族自信心的形成。这是不可掉以轻心的问题。正像中国现代化历程所证明的，中华文化中蕴含着中华民族的民族精神，这是一个民族赖以生存和发展的精神支撑。一个民族，没有振奋的精神和高尚的品格，不可能自立于世界民族之林。而民族精神正是孕育和发展于民族传统文化之中的。离开了民族传统文化，所谓"民族精神"就只能是无源之水、无本之木。中华民族的现代腾飞必然是与中华文化的现代复兴相伴随的。

进入21世纪，传承和发扬中华文化、实现中华文化现代复兴的使命历史性地落到了当代中国人的肩上。新蕾出版社作为国内知名出版社，致力于弘扬中华优秀传统文化与以爱国主义为核心的民族精神，出版"我们的国粹"丛书，可谓有远大的出版眼光和殷切的历史使命感。

本丛书不仅意旨深远，在形式和内容的有机结合上，也做了精心的安排。书中运用了体现新时代特征的活泼灵动的语言、插画，多层面、多角度地表现了中华优秀传统文化的内涵，融知识性、科学性、艺术性、娱乐性和趣味性于一体，寓教于乐，使小读者通过阅读生动有趣的故事，获得国学知识，得到智慧启迪，潜移默化地受到中华优秀传统文化的熏陶，从而提高文化素养，增强民族自信心与自豪感。从这个意义上讲，"我们的国粹"丛书无疑是一套普及国学知识、弘扬中华传统文化的优秀入门读物，必将产生良好的社会影响。

李翔海

中国哲学史学会理事

北京大学中国文化发展研究中心常务副主任

写给小读者的话

说到武术，可能很多同学都会觉得会武术的人很帅气、潇洒。我们也常见到身边的同学比画着拳头，口中念念有词地说着"嘿！无影脚""看我的流星闪电拳""连环炮"等"盖世神功"。那么，同学，你知道什么是武术吗？

武术，也叫功夫，作为中华文化的一部分，博大精深、源远流长。从明代民族英雄戚继光抗击倭寇，到当代"荧屏功夫皇帝"李连杰，古往今来的武术家们，用自己高强的武艺向世人展示着中国武术的独特魅力。

中国武术在漫长的历史发展过程中，共产生了131个武术流派。这些武术流派自古以来就豪杰辈出，涌现出一批又一批武艺高强且忧国忧民的侠义英雄。

同学,你对武术了解多少呢?你知道武术是怎么来的吗?武术中的戳脚拳、南拳、少林拳、太极拳、太祖长拳、螳螂拳、形意拳、八卦掌等耳熟能详的武术门派是怎么回事? 戚继光、杨露禅、郭云深、王芗斋、王五、霍元甲、孙禄堂、杜心五、李小龙等武术大师又有怎样的传奇故事?让我们一起到书中去探寻中国武术的奥秘,了解神奇的中国武术吧!

扫码领资源

目录

第1章 威震四方的十八般武艺

十八般武艺都有啥　　002

百兵之君——剑　　005

兵中之王——枪　　011

艺中魁首——棍　　015

九短之首——刀　　019

第2章 博大精深的武术流派

北腿之杰——戳脚拳　　024

稳马硬桥的南拳　　029

禅拳一如的少林功夫　　035

以柔克刚的太极拳　　040

百拳之母——太祖长拳　　045

运臂如刀的螳螂拳　　050

形动意随的形意拳　　055

走转摆扣的八卦掌　　061

第3章　德艺双馨的武术大师

十三棍僧救唐王　　068

戚继光抗倭建奇功　　073

杨露禅"偷"拳陈家沟　　078

郭云深狱中苦练崩拳神功　　083

王芗斋参学万里创意拳　　088

大刀王五与谭嗣同的情谊　　093

霍元甲上海滩展国术雄威　　098

"活猴"孙禄堂　　103

天下第一神腿——杜心五　　108

李小龙坚持文武双修　　114

威震四方的十八般武艺

同学们，我们在电视上经常看到，行走江湖的大侠们不论什么武器都能运用自如，很是威风。所以在武术界，有一句赞美别人的话，叫作"十八般武艺样样精通"，说的就是一个人武艺十分高强，各种兵器都能手到擒来、得心应手。也只有十八般武艺样样精通的人，才能称得上是真正的武林高手。

那么，十八般武艺到底包括哪些内容？是什么让它们威震四方？关于这十八般武艺，又有哪些传奇故事呢？

十八般武艺都有啥

南宋时有个武状元,名叫华岳。他写了本兵书《翠微北征录》,十八般武艺的说法最早就出现在这本书中。但可惜的是,《翠微北征录》仅指出"武艺一十有八,而弓为第一",并没有给出十八般武艺的具体内容。二百多年后,明代谢肇淛在《五杂组》中首次提及十八般武艺的具体内容为"一弓、二弩、三枪、四刀、五剑、六矛、七盾、八斧、九钺、十戟、十一鞭、十二锏、十三挝(zhuā)、十四殳(shū)、十五叉、十六钯头、十七绵绳套索、十八白打"。以后,十八般武艺所指的内容虽有所变化,但基本上与此大同小异。

在古代社会,枪炮还不是战争的主要兵器。那时最厉害的兵器是弓,所以它排在十八般武艺的第一位。但这并不是说排在最后一位的白打就无足轻重了。相反,它可是当之无愧的"压轴戏"。

白打是一种徒手搏斗的技艺,即拳术。《水浒传》中的武松、鲁智深、燕青等都是白打的高手。

了解了这十八般武艺都有啥,有的同学不禁迷惑了:这么多武艺,要想都掌握,那得多难呀?!

其实,练习十八般武艺是有规律可循的,总的来说就是要循序渐进。

"拳成兵器就，莫专习刀枪。"武术界认为武术器械是人手臂的延伸，练习武术只有先掌握好了徒手的拳术，才能进而练好刀、枪、剑、棍等武术器械。而在武术器械之中，一般要求先练棍，再学刀、枪、剑等。只要拳、棍学好了，就可触类旁通、举一反三，逐渐练好十八般武艺。

这就像我们小时候学习走路一样，要先学会爬，然后在大人的牵引下慢慢地走，最后才能独立地走路；再长大些，我们才会练习跑步、跳跃。

掌握规律之后，最关键的还是要苦练、勤练。

武术界有句老话，叫作"冬练三九，夏练三伏"。就是不论在极为严寒的三九隆冬，还是在烈日炎炎的三伏酷暑，都不能停止练习武艺，越是条件艰苦，越要坚持练习。

这话可一点儿都不夸张！

十八般武艺样样精通的武术家，都是经过了漫长而艰辛的练习，才成为武术全才的。武术家们飒爽的英姿，和他们日复一日的练习是分不开的。所以，同学们要想让自己全面发展、多才多艺，就一定要有坚定的毅力和吃苦耐劳的品质！

百兵之君——剑

十八般武艺中,有一种兵器被尊为"百兵之君",即"兵器中的君子"——剑。

在电影《卧虎藏龙》中大出风头的"青冥剑"、霹雳布袋戏中的"笑傲红尘"与"佛牒",乃至于游戏《真三国无双》中各国君主的宝剑等,剑几乎稳居主角们最爱用兵器的榜首。就连从未用于战斗、只见于故事中的"尚方宝剑",也早已成为家喻户晓的传说。正如古人所赋予的"百兵之君"的封号一样,剑,真可以说是兵器界的"明星"。

事实上,在古代,由于铸一把剑所需的材料难得,又对

剑

锻工有比较高的要求，使得铸剑成本远超其他兵器。因此，剑不是一般人能够得到的，说剑是一种"高贵"的兵器，真是一点儿都不过分。正因为如此，拥有一把宝剑成为古代人身份地位的象征。如果留意有些古装剧中的人物，你会发现，像侍卫衙役这些位次较低的武者，佩带的武器通常都是腰刀等刀类，而只有声望地位较高的人才会佩剑。

由于剑的特殊地位，关于剑的故事特别多，"干将莫邪剑"就是其中较著名的一个。

干将是楚国造剑的名匠，他打造的剑锋利无比。楚王知道了，就命干将为其铸剑。

三年过去了,雌雄两把宝剑终于铸成了。但因为铸剑用时过长,楚王非常生气。干将知道,楚王肯定会处死自己,于是他对即将生产的妻子莫邪说:"我给楚王铸剑,三年才成功,楚王发怒了,我去一定会被杀掉。你生下的孩子如果是男的,长大后叫他替我报仇!"

干将把铸好的雌剑交给楚王,把雄剑留下藏了起来。果然,狠毒的楚王处死了干将。干将的儿子赤长大后,莫邪把干将的事告诉了他,赤发誓要杀死楚王为父报仇。

楚王在梦里预知赤要来刺杀自己,于是下令悬赏重金全国通缉他。

赤在无奈之下躲进了深山。感觉报仇无望的他在山中

悲歌,此时一位侠客路过,见状便问:"你年纪轻轻的,为什么事哭得如此伤心?"

赤说:"我是干将、莫邪的儿子。楚王杀了我的父亲,我想报仇!"

侠客说:"听说楚王以重金悬赏你的项上人头。请把你的头和剑都交给我,我为你报仇。"赤听后非常高兴,毅然举剑自刎。

侠客提着赤的人头去见楚王。楚王很高兴,命人把赤的人头用大锅煮了,但是三天三夜也没煮烂,人头还跳出汤锅,怒视着楚王。

侠客说:"这小孩儿的头煮不烂,请大王亲自到锅边一看,就一定能煮烂。"楚王闻言走到了锅边,这时侠客趁机用剑把楚王的脑袋砍下,然后挥剑自杀了。后来,人们便把雌雄两把剑称为干将莫邪剑。

到了唐代,尚武的风气非常浓厚,文人墨客也以佩剑、舞剑作为时尚,唐代著名的诗人李白就是剑的"忠实粉丝"。他十五岁开始学剑,二十五岁时就一个人背着剑云游四方,留下了很多以剑明志、文采飞扬的诗篇,真称得上是

文武双全!

说到舞剑,尤其值得一提的是唐代的公孙大娘。公孙大娘是唐代著名舞蹈家,她擅长舞剑,尤其是剑器舞,舞姿英武、气派,在民间和宫廷都久负盛名。

那么,公孙大娘舞剑的水平到底有多高呢?

这么和大家说吧——"诗圣"杜甫在观看了她的弟子舞剑后,回忆起童年时曾观看过公孙大娘的舞剑,写出了激荡人心的《观公孙大娘弟子舞剑器行》;"草圣"张旭看了她的表演后受到启发,书法大进;就连有"画圣"之称的吴道子,也曾通过观赏公孙大娘舞剑而体悟用笔之道呢!能

观公孙大娘弟子舞剑器行(节选)

〔唐〕杜 甫

昔有佳人公孙氏,

一舞剑器动四方。

观者如山色沮丧,

天地为之久低昂。

对三位大师级别的文学家、艺术家产生如此重要的影响，公孙大娘的舞剑水平可想而知。

剑在道教中也有着很高的地位，是"降妖除魔、捍卫正义"的必备法器。而武当山是道教圣地，因此在众多武术流派中，对剑最为崇拜的，非武当派莫属。武当剑历史悠久，与少林棍、形意枪、八卦刀并称为叱咤江湖的"武林四大兵器"。

兵中之王——枪

如果说剑是兵器中的谦谦君子,那么枪就是兵器中当之无愧的王者。

枪的前身是矛。早在原始社会,我们的祖先就已经会用打磨尖利的兽骨、兽角或者坚硬的石片,加工成有锋有刃的尖状器,装上长柄,刺杀野兽或进行自卫。

枪的制作要比剑简单多了。由于制作成本低,再加上枪的攻击距离长、出手灵活轻便、杀伤力强,所以无论是骑兵冲锋还是步兵防守,枪都是非常实用的兵器。

三国时期的蜀国名将张飞,因善于用矛而闻名。我国

四大名著之一的《三国演义》就记载了他手执丈八蛇矛立于长坂桥头喝退曹兵的故事——

刘备为避开曹操率领的大军，携民渡江，逃往江南。曹操对刘备穷追不舍，连着追了一天一夜后，终于在当阳的长坂坡追上了刘备的部队。刘备的部队被曹军冲散。

作为部下的张飞对刘备忠心耿耿。为了保护刘备，他带领二十多个骑兵留在长坂桥阻击曹军。

只见张飞坐在马背上，手持丈八蛇矛，立马桥上，怒视着曹军大声喝道："燕人张飞在此！谁敢过来决一死战？！"

【闲话文史】 后人根据此事作诗云:"长坂桥头杀气生,横枪立马眼圆睁。一声好似轰雷震,独退曹家百万兵。"

张飞的大嗓门儿像打雷一样响亮。经他这么一吆喝,曹操身边的夏侯杰被吓得肝胆俱裂,倒于马下。曹操见状,调转马头就跑。曹操的士兵一看,主帅都死的死、跑的跑,那就赶紧撤吧,于是丢下兵器和盔甲纷纷逃跑了。刘备得以幸免于难。

除了张飞,三国名将赵云、抗金英雄岳飞、《水浒传》中的豹子头林冲,乃至于近代的神枪李书文等,也都是善使枪的名家。因此,清代武术大家吴殳在他的著作《手臂录》中,把枪奉为最强的兵器。

虽然单从外形上看,枪比棍只不过是在顶端多了一个尖而锋利的金属头,但是在使用方法上,两者却大不相同。大家都听过这么一句俗谚吧——"枪扎一条线,棍扫一大片",说的就是枪和棍在招式上的差异。整体上来说,棍常

枪

以扫击为主,打击范围大而伤害较小;枪则正好相反,专攻刺击,攻击范围只有一条线但杀伤力极强。正因为如此,枪才得以成为战场上的"明星"。

看到枪的威力如此之大,同学们肯定跃跃欲试,想要学好枪法去"闯荡江湖"了吧?可是,练好枪可不是一件容易的事。老一辈人常说"年刀月棍,一辈子枪",意思是说学会用棍要练一个月,学会用刀要练一年,而学会用枪要练一辈子。可见练枪是需要下功夫才能掌握的。

艺中魁首——棍

十八般武艺中典型的长兵器——棍，应该是最早为人所使用的兵器了。在人类学会冶炼金属、制作兵器之前，史前时代的人们就已经学会用长条的树枝自卫了。即使后来的人们掌握了铸造刀剑的方法，取材、使用方便的棍依然广泛地被人们所利用。

正因为棍是最早的兵器，并由棍衍生出各种长兵器，所以棍又被尊为"百兵之祖"。我国的武术专著《剑经》（明代称棍为剑）就曾指出，棍是兵器之首，学好用棍的方法，再学习其他兵器就可以举一反三，不在话下了。所以，想学

武术的同学们就先从学棍开始吧,既不易伤到自己,又可以学到技能,何乐而不为呢?

棍虽然外表不像剑那样精致,也没有刀那样锋利,却形成了自己的特色。正因如此,棍在历史和小说中从未缺席。传说中宋代的开国皇帝赵匡胤就擅长用棍,号称"一根杆棒等身齐,打下四百军州都姓赵"。金庸所著小说中丐帮的镇帮绝招儿之一"打狗棒法",大家更是耳熟能详。而在使棍棒者中名气最大的,大概就是《西游记》中挥舞金箍棒、大闹天宫的孙悟空了。无所不能的齐天大圣,正是用

一根如意金箍棒斩妖除魔,护送唐僧去西天取经的。

孙悟空的兵器为什么是一根棍,而不是威力更大的刀或者剑呢?有句话大家肯定知道,那就是"出家人以慈悲为怀"。由于佛门不可动刀剑,所以能防身又不至于伤人性命的棍便成了僧人们常用的兵器。

天下功夫出少林,少林棍法甲天下。少林寺的棍法是少林功夫中最出彩的一项。三十多年前,电影《少林寺》上映,在全国甚至全世界掀起了人们对少林功夫的狂热追求。据说受这部电影的影响,很多孩子都跑到深山老林里去寻访名刹古寺、世外高人呢!同学们可以采访一下你们的父母,他们肯定会记得、甚至还能哼唱出电影的片尾曲——"少林,少林,有多少英雄豪杰都来把你敬仰……"

电影《少林寺》是根据一个历史故事改编而来的——少林寺的十三个棍僧曾经冒着生命危险从狱中救出了李世民。虽然故事的真实性有待考证,但却从一个侧面反映了少林寺的僧人们在唐代就已经掌握了精湛的用棍之法了。

关于少林棍法的由来,还有一个传说:元末,红巾军突

袭少林寺,僧人们纷纷被打退。在这紧要关头,一个蓬头垢面的烧火和尚拿着烧火棍冲了出来,只见他一下子变得有数丈之高,脚踩在嵩山顶上,打退了红巾军后,便化作"紧那罗神"飞走了。从此以后,少林寺便尊奉紧那罗神为守护神和"棍仙"。

除了名列"武林四大兵器"的少林棍,中国还有很多著名的棍法,如天启棍、风魔棍、俞家棍等。

九短之首——刀

三国魏晋时期有位制刀大师蒲元,他采用的制刀工艺与众不同,尤其是对淬火用的水特别讲究。他认为,汉水的水质不适宜淬火用,只有蜀江的水质才是淬火用的上等之水。

刀制成后,蒲元派人去成都取水。取回水后,蒲元刚把刀放进去,便对取水的人说:"这水里夹杂了别的水,不能用。"

取水的人大惊,忙矢口否认。这时,蒲元用刀划着水说:"你掺杂了八升涪水,为什么要说谎呢?"

取水的人这才坦言:"我取水回来过涪水时,不慎洒掉了一些蜀江水,因为害怕被责骂就添了八升涪水,本想蒙混过关,没想到还是被识破了。"

蒲元能识别不同江河的水,说明当时工匠们的淬火水平、制刀工艺已经相当高超了。

其实,我们的祖先很早就开始用刀了,只不过最初的

刀是用石块和兽骨打磨成的一种生活、狩猎工具。后来，随着制刀工艺的不断提高，刀慢慢地被应用于战争，变成了一种常用的兵器。

刀和剑一样，都是短兵器中的一种。但在其他方面，刀和剑还是有很大区别的。

首先在外形上，剑身细长而笔直，两面都有刃并往剑尖处收拢；刀则是单边有刃，刀身宽而厚且呈弧形，刀柄往往也是弯的。

刀的用法也和剑有很大差异。剑主要用来刺击，而刀主要用来劈砍。这两种兵器就像是一对孪生兄弟，虽然都是"短兵家族"的一员，却各有特性。

"宝刀赠英雄"，历史上快意恩仇、果敢洒脱的英雄们，大多是偏爱刀的。如《三国演义》中的关羽就用一柄青龙偃月刀，成就了"单刀赴会"的传奇；苏武持节出塞，匈奴逼其投降时，他毅然拔刀自伤；精忠报国的抗金

英雄岳飞，针对金国骑兵发明了专门的兵器"斩马刀"；而《水浒传》中以宋江为首的好汉们也大多用的是"腰刀""朴刀"……

中国有句俗语叫"剑如飞凤，刀如猛虎"，意思是剑法轻盈灵动，而刀法则狠辣利落、勇猛无畏。因此，刀又有"百兵之胆"的称号。虽然刀不像剑那样拥有尊贵的地位，却也不容小觑，要知道决定战争成败、朝代兴替的，往往是一群挥着刀、勇猛果敢的无名英雄呢！

读故事
品国粹

博大精深的武术流派

在祖国五千年的灿烂文明里,武术是其中一朵亮眼的奇葩。不懈追求高强的中华儿女,不断创造、发展中国武术,形成了风格迥异、千变万化的武术流派。

说到"流派"这个词,很多同学都会有印象。武侠小说里的男女主角,大多出自名门正派,例如华山派的令狐冲、武当派的张无忌等。两方势力交手前,也往往"自报家门",门派高的,在气势上就已经赢得了优势。那么,在现实的"武林"之中,这些门派又是什么样的呢?

北腿之杰——戳脚拳

在武术界有种说法,叫"南拳北腿",说的就是南方地区的拳术很厉害,比如咏春拳和洪拳;而北方地区的腿功很是了得,比如弹腿和戳脚。

今天我要给同学们介绍的是北方一种叫作"戳脚拳"的腿上功夫。

乍一听名字,大家可能觉得一头雾水,想象不出来这到底是一门什么样的功夫。告诉大家,别看人家名字起得古怪,这戳脚拳可是被公认为"北腿之杰",位居北方腿功之首呢!

戳脚拳

那么,这戳脚拳威力这么大,它到底是怎么来的?又是一门怎样的功夫呢?

其实,戳脚拳是中国古老拳种之一,自宋代后属少林宗法。经历代名师百年来的继承和发展,逐渐发展演变为戳脚翻子拳。"戳脚"练的是腿功,"翻子"练的是拳法。而戳脚翻子拳是将两者有机地结合在一起,手脚并用,威力巨大。武谚说,"手是两扇门,全靠腿打人""手打三分,脚踢七分"。要想充分发挥戳脚翻子拳的功力,关键看你的腿功是不是过硬。很多练习

戳脚翻子拳的人,一腿可以踢断碗口粗的树干呢!

戳脚功夫中最著名的一招,有个文雅的名字——鸳鸯脚。不过,这鸳鸯脚可和象征爱情的鸳鸯没有一点儿关系。

说到鸳鸯脚,那就不得不说说我国四大名著之一的《水浒传》。这本书很多同学都看过吧,还记得有一节讲的是"武松醉打蒋门神"吗?

这个蒋门神,是个欺行霸市、臭名昭著的恶霸,经常仗着自己会点儿武术就为害乡里。大英雄武松行侠仗义,对蒋门神的所作所为看不过眼,就决定教训他一下,为民除害。

这一天,武松装作醉酒闹事,故意激怒蒋门神,并和他打了起来。武松快速地虚晃了下拳头便转过身去,背对着蒋门神飞起左脚,踢中蒋门神后又紧跟着踢起右脚。别看蒋门神平日里耀武扬威,在武松手下却毫无招架之力。武松把蒋门神直打得满地找牙,连连求饶。

武松在打斗中使出来的这一晃、两脚连环踢,就是戳脚拳中的典型动作——玉环步、鸳鸯脚。怎么样,很厉害吧?

戳脚拳中的鸳鸯脚,又叫"后撩踢",是模仿驴尥蹶子创造出来的动作。上面我们提到,武松教训蒋门神时用的是鸳鸯脚,就是背对着对手抬腿后踢。这个动作大家有没有觉得很熟悉?有机会接触到驴子的同学也许知道,驴子有一个很经典的动作——尥蹶子,和鸳鸯脚的动作有异曲同工之妙。

早年间,驴子是农村不可缺少的劳动力,几乎家家都饲养驴子。长期干农活儿的百姓发现,驴子生气时常常尥蹶子,要是不小心被踢上这么一下子,那真是钻心的疼哪!

时间长了,聪明而尚武的乡亲们开始思考:既然尥蹶子的威力这么大,能不能把它运用到武术当中去呢?

于是,经过改良加工,像驴尥蹶子一样的后撩踢就此

产生了。戳脚拳门派中有句谚语："蹶子脚，看家宝。"这"蹶子脚"指的就是后撩踢的本事。

由此可见，戳脚拳十分注重后踢的使用，因为这可以出其不意地给对手造成重创。除了上面讲到的后撩踢，腿还可以向后摆踢、点踢、蹬踢等。武术界有句话，"一看屁股调，就是戳脚到"，形象地描述了戳脚拳的特点。

根据现代科学研究，戳脚拳不仅具有很高的技术攻击价值，在养生方面的作用也不可忽视。

我们从出生到成年再到老年，无论是走路、跑步还是睡觉，大部分时间里身体都是向前弯曲的，这是出于我们的生理习惯。所以，上了年纪的人很容易腰背前弯，形成驼背。

戳脚拳的动作则和我们的生理习惯恰恰相反，向后踢的动作弥补了这一缺陷——当我们向背后的方向踢去时，就使背部的舒张肌变成了收缩肌。这在一定程度上可以防止人到老年时驼背的现象。

你看，戳脚拳不仅攻击力强，还可以养生，真不愧是"北腿之杰"呀！

稳马硬桥的南拳

同学们，如果要你列举在影视作品里经常看到的大侠的名字，你会想起谁呢？

有的同学说了："这可难不倒我，我知道方世玉、黄飞鸿、叶问、洪熙官、铁桥三、苏乞儿！"

可是大家知道吗？上面提到的几位大侠虽然出现在不同的影视作品中，但有一个共同点，那就是他们都是南拳高手。

"南拳北腿"的说法同学们都很熟悉了。由于南北方地理环境的不同以及体格上的差异，南北方形成了侧重不

同、风格迥异的武术流派:人高马大、身高腿长的北方人擅长用腿进行攻击,所以北方武术看重腿上功夫——"手是两扇门,全靠腿打人";南方人较之北方人四肢较短,却比较灵活,所以讲究贴身靠打,擅长用拳。

什么是南拳呢?顾名思义,南拳就是我国南方各地所流行的拳术的总称。

南拳内容丰富,种类很多,如广东的咏春拳、蔡李佛拳、虎鹤双形拳,福建的五祖拳、鹤拳、罗汉拳,广西的屠龙拳、小策打拳,浙江的黑虎拳、金刚拳,湖北的洪门拳、鱼门拳、孔门拳,湖南的巫家拳、洪家拳、薛家拳,等等。

别看南拳的种类有这么多,它们之间可不是毫无联系的,比如它们都有一个共同的特征——稳马硬桥。

不过,这里的马可不是我们在动物园见到的会吃草的马,桥也不是助人渡河的桥。

什么意思呢?

"马",就是脚下功夫。"稳马"的意思是说,脚下功夫一定要稳。

南拳讲究"扎马",就是我们俗称的"扎马步""马步

南拳——扎马

桩"。扎马步是每个学习南拳的人都要练好的基本功,是提高习武者下盘稳固程度最有效的练习方法。只有根基扎实,才能学好武艺。武术界有"要学打,先扎马"的说法,扎马的重要性可见一斑。

扎马到底是怎么练的呢?

具体说来,首先要两腿分开与肩同宽,然后臀部慢慢下移,直到小腿、大腿、上半身都呈90度角。扎马的时候,

五个脚趾要牢牢地抓住地面,就像大树扎根一样稳当。同时还要配合腹式呼吸,也就是"气沉丹田"。

听上去很容易是不是?

感兴趣的同学试一试就知道啦,练习扎马是很辛苦的。缺乏锻炼又没有武术基础的人,站上几分钟就会感到腿部酸痛,难以支撑下去。旧时,师父对徒弟的要求极为严格,为了磨炼他们的意志,常常要徒弟在烈日下练习扎马好几个小时呢。

那些武技娴熟的功夫大家,个个都是经过苦练,掌握

了扎实的基本功后,才学有所成的。

　　脚下的功夫稳住了,就要练习"硬桥"了。

　　"桥",就是我们的手臂。南拳既然练的是拳,自然更要练习手臂上的功夫。这手臂上的功夫叫作"桥手",意思是把手臂当作桥梁,当对方打来的时候,用手臂巧妙地阻挡对方的攻势,并能做出有力的还击。

南拳——桥手

大家可不要小瞧桥手，"练得硬桥硬马，方能稳扎稳打"，说的是练好扎马只是打基础，手上功夫练到家才是制胜的法宝呢。

作为广东五大名拳之首的洪拳，之所以被武术界称作"铜桥铁马"，原因就是洪拳要求把自己的双臂练得像钢铁那样坚硬。这样在实战的时候，当对方一拳打过来，只要使出一个桥手，就能够有力地格挡，甚至把对方的手臂折断。

怎么样，南拳的威力是不是很大呢？

禅拳一如的少林功夫

很久以前,在遥远的天竺国(今印度),有一位叫达摩的僧人问他的师父:"我得到了佛法,应该到哪里去传布呢?"

师父告诉他:"去中国吧。在中国的北方,那里的君主会接受你的佛法。"

于是,达摩跋山涉水来到了中国。

要去北方,必然要跨越长江。达摩来到了长江边,却发现江面上没有渡船。

这时候,他看到不远处有一位老妇人,身边放了一捆

苇草。达摩走上前去,向老妇人讨要了一根苇草。

他把手中的苇草轻轻地扔在了水里,这时候神奇的一幕出现了——只见苇草的叶子慢慢舒展开来平铺在江面上,达摩轻轻一跃,双脚踩着这根苇草轻松地渡过了长江,来到了北方的嵩山。他住在少林寺里,面对墙壁端坐,终日默然不语,人们都觉得很是神秘,称他为"壁观婆罗门"。

达摩这样专心修行,面壁长达九年时间。

"达摩面壁"这一典故由此而来,并被后人用来形容修行、学习时勤奋不倦的样子。

达摩被尊为中国禅宗的始祖,在少林寺期间,他大大推进了佛教在中国的发展,进而使少林寺成为禅宗祖庭。

如今，少林寺已经闻名天下。然而少林寺的闻名，不仅仅因为它是佛教圣地、禅宗祖庭，还因为它拥有威猛有力的少林功夫。

达摩"一苇渡江"的传说，让很多人误以为达摩在传播佛法的同时，也把高超的武艺传授给了寺内僧人。其实，这只是后人出于对达摩的崇拜而编造出来的传说。事实上，达摩根本不会功夫，少林寺僧人们的武艺也不是出自达摩祖师。

那么，少林寺最早的武僧是谁呢？

少林寺僧人习武的风气，始于北齐一位叫稠禅师的高僧。

稠禅师十四岁时就进入邺下寺院，成为一名虔诚的佛

家弟子。灵隐寺有习武的传统，在那里，稠禅师跟随师父学会了很多不外传的武功绝招儿。

稠禅师三十三岁那年，为了追求更高的佛法教义，研习佛家经典，他只身来到嵩山少林寺。在他的号召和指引下，少林寺僧人开始练习拳术。

慢慢地，寺里的僧人们发现，练习拳术带给他们的不仅仅是消遣娱乐，更重要的是身体的强健。原来，由于僧人们每天打坐、念经需要长时间盘着腿坐，导致身体、精神都很疲惫，而练拳使他们僵硬的肢体得到了锻炼。每天打坐结束后练上一会儿拳，嘿，腰不疼了，腿也不酸了，别提多舒坦啦！

于是，尝到甜头的僧人们更加积极主动地操练武艺，他们编制拳法套路，空闲了就

活动活动筋骨,身体素质得到了很大提升。

就这样,少林寺内逐渐形成了"尚武"的风气。加上少林寺的方丈们也鼓励弟子出去云游,广纳各地武学精粹,渐渐地,通过博采众长的方法,少林拳术得到了充实和发展,越来越精湛。

"天下功夫出少林,少林功夫甲天下"是人们对少林功夫的赞誉。虽然称少林寺是中国武术的起源地有些夸张,但不可否认的是,少林功夫经过千百年的发展,已经成为中国武术的重要组成部分。

由于少林寺是禅宗圣地,少林拳又被称为"少林禅拳"。这里的僧人们一边参禅一边习武,在心灵得到净化的同时,身体也得到了锻炼,真是一举两得!

以柔克刚的太极拳

在我国,有一种老少皆宜、内涵丰富的养生健身之术,叫作"太极拳"。

该拳法将古代的阴阳五行、中医经络、导引术和吐纳术等融会贯通,风格独特而自成体系。

关于太极拳的起源众说纷纭,有唐代许宣平创拳说、宋代张三峰创拳说、明代张三丰创拳说、清代陈王廷创拳说等几种不同的说法。现在大家比较认可的,是河南温县陈家沟的陈王廷创拳说。

在河南省焦作市温县东部的清风岭常阳村,居住着人

丁兴旺的陈氏一家。随着时间的推移，陈氏家族越来越壮大，加之村子里有一条南北走向的大沟，久而久之，常阳村便被人们称为"陈家沟"。

陈家沟的习武氛围特别浓厚，无论男女老少，平日里都喜欢练练功夫，所以在当地流传着这么两句话："喝喝陈沟水，都会跷跷腿"，还有"会不会，金刚大捣碓"。

那么，他们练的到底是哪一种拳术呢？

陈家沟的子孙练习的是一种祖传的长拳。这种拳刚猛有力、姿态舒展，在方圆百里都很出名。

由于陈氏世代习武，于是总结积累了众多武术拳法，其中家族第九代陈王廷更是一位卓有创见的武术家。

陈王廷发现，世界上存在的大大小小的事物，都在不停地运转变化。比如，花草树木看上去是静止不动的，却因季节的更替而从盛开到凋零；亭台楼阁虽然没有移动，却随着时间的推移而变得古旧破败。

因此，陈王廷将这一发现同戚继光所著的兵书《纪效新书》中所记载的三十二势长拳相结合，并把道教经典《黄庭经》中关于呼吸吐纳的方法融入拳法中，编创了太极拳。

陈王廷编创的拳术传至陈家沟第十四代陈长兴、陈有本时，太极拳术开始外传。其中陈长兴将之传给了河北永年的杨露禅，陈有本则通过陈清平传给了温县赵堡镇的和兆元、河北永年的武禹襄。在此基础上，太极拳逐渐演化为陈式太极拳、杨式太极拳、武式太极拳、

和式太极拳、吴式太极拳、孙式太极拳、李式太极拳等不同的流派。

太极拳虽然流派众多，各派的风格、姿势也不尽相同，但套路结构和动作顺序基本一致。此外，它们还有一个最基本的习武原则——以柔克刚。

怎么理解"以柔克刚"呢？

太极拳界有个词叫作"四两拨千斤"，意思是能用四两之力来化解千斤的力气，也就是以小胜大、以弱胜强。这句话很好地解释了"以柔克刚"的道理：盲目地使用蛮力不一定能够制胜，关键是要抓住规律，使用技巧。

那么，太极拳是怎样做到"四两拨千斤"的呢？

其实，这涉及太极拳练习的很多方面，比如身体重心以及内劲的转换等，概括地说就是要做到"顺势借力""引进落空"两个方面。

需要注意的是，太极拳并不仅仅强调柔，它更强调的是"刚柔并济"。也就是说要做到刚中有柔、柔中带刚，尤其是在实战中，要适当地刚柔并用。这一点和西方武技常用硬碰硬、拼力气的方法来取胜有很大的不同。

太极拳

有的同学也许会说，太极拳是老人拳，因为练习太极的都是一些上了年纪的人。这种说法可是不对的哟！别看太极拳动作和缓舒展，甚至看上去"软绵绵"的，好像没有什么攻击性，但其实它蕴藏着很大的威力。一个精通太极拳的人，即使很瘦小，也能打败一身肌肉的壮汉呢！

现在，太极拳以其特有的强身健体、防身自卫的功能，得到了世界人民的普遍喜爱，已经成为中华民族的一张文化名片。

百拳之母——太祖长拳

在我国北方,有一种著名的拳种,叫"长拳"。

"长拳"一词最早出现在明代抗倭大将戚继光创作的《纪效新书》中:"古今拳家,宋太祖有三十二势长拳。"这就是太祖长拳的最早出处。据说,太祖长拳由宋代开国皇帝赵匡胤所创。虽然这种说法已无从考证,但至少说明长拳历史悠久,在明代就已经闻名于世了。

和"短打"不同,长拳以其进得远、攻得长,大开大合、松长舒展而得名,处处发挥"一寸长,一寸强"的优势。

由于太祖长拳历史悠久,支脉繁多,很多拳术的发展

都参考了它的拳理和动作,太祖长拳也因此被称为"百拳之母"。

例如,为了提高军队的战斗力,明代大将军戚继光就亲自教授戚家军练习戚家拳。这戚家拳就是他在太祖长拳的基础上,同时吸取六步拳、猴拳等拳种的精华而编创的。该拳在抗倭战争中起到了很大作用。

河南陈家沟的陈王廷在编创太极拳时,则直接从戚家拳三十二势中择取了二十九个动作,又加以补充、改进,最终编创了太极拳。

对武术感兴趣的同学,如果想学习武术,可以从长拳开始练起。因为长拳的动作非常舒展,架子又很端正,套路讲究一招一式清清楚楚,所以非常适合初学武术的人练习。这就好像练习书法时适合先学习楷书一样,要做到"横平竖直",只要把楷书写熟、练好,就能为以后练习行书、草书打好基础。同理,练习长拳也可以保证练习者养成腰背挺拔、姿态舒展的好习惯。

学习长拳从什么地方入手呢?

总的来说,长拳包括"四击""八法""十二型"。

"四击",就是踢、打、摔、拿四种击法;"八法",就是手法、眼法、身法、步法、精神、气息、劲力、功夫八种最基本的方法;"十二型"则指动如涛、静如岳、起如猿、落如鹊、站如松、立如鸡、转如轮、折如弓、轻如叶、重如铁、缓如鹰、快如风。这些共同构成了长拳的"二十四要",概括了学习长拳必备的基本要求。

学会长拳容易,练好却并不容易。要想把长拳的套路演练好，必须做到下面八点：

第一，"拳如流星"。手要敏捷。长拳的手法要做到迅速、快捷、有力，就算是抖手腕这样的小动作也要做得干净利落，不能给人拖泥带水的感觉。

第二，"眼似电"。目光要敏锐。长拳的眼法不仅要目光明快、锐利，还要做到眼随手动。

第三，"腰如蛇行"。身体要灵活。长拳身法的变化主要在于腰。静止不动时，身体要做到挺胸、直背、塌腰、收腹、敛臀。

第四，"步赛黏"。步伐要稳固。步伐不稳则拳乱，定势时脚要牢牢地抓住地面，稳住下盘，为躯体活动提供稳固条件。

第五，"精神充沛"。要把自己的精神贯注在一动一静之中，在动作中体现精气神。

第六，"气宜沉"。长拳的呼吸要气沉丹田，也就是尽量采用腹式呼吸法。这是因为长拳的运动量较大，练习时对氧气的需求也大。如果气不下沉，就会呼吸短促，头晕恶心，使运动紊乱。

第七,"力要顺达"。长拳的劲力要顺达,如果发力不顺,就会导致肢体动作僵硬。

第八,"功要纯"。这就要求我们在规范动作的同时勤加练习。

做到了以上这些,就可以熟练地掌握长拳了。

运臂如刀的螳螂拳

中国功夫里有一个不可不讲的"宝贝"——象形拳。

还记得动画片《功夫熊猫》吗？这部影片就是以中国的象形拳为素材拍摄出来的。娇虎、灵蛇、金猴、仙鹤以及螳螂这五大高手所展示的功夫，就分别是虎拳、蛇拳、猴拳、鹤拳还有螳螂拳五种象形拳。

通俗地说，象形拳就是模拟动物的形态编成的拳术动作。除了上面提到的五种，象形拳还有鹰爪拳、鸭形拳、醉拳等好多种。而这其中最著名的就是发源于山东的螳螂拳。

据传螳螂拳由明末清初的山东人王朗所创。这个王朗是个"武痴",听说嵩山少林寺经常举办武术名家聚会,参加聚会的都是武功高强的人,他便想:我一定要去见识一下,说不定会有所收获。

于是他立马动身来到了少林寺门前,不料却吃了个闭门羹。

守门的少林僧人说:"进入少林寺的条件,就是要先打败我,才有资格进去!"

王朗心想,一个看门的,还能有什么功夫!根本就没把人家放在眼里。

于是两人交手比试,几个回合之后,王朗就败下阵来。这时,一边围观的人开始指指点点:"就这么点儿本事还想参加武术名家聚会,真是自不量力呀!"

备受打击的王朗又气又羞,头也不回地走了。

回去的路上,王朗在树下歇息,忽然听到树上蝉鸣声不断,抬起头一看,嚯,一只蝉和一只螳螂打得正欢呢!

王朗顿时来了兴致,就在一边观战。

只见螳螂打得是有章有法——两只大刀一般的前臂

挥舞着,进退有序,十分灵活。再看对面的蝉,虽然有六只脚,但在螳螂有力而灵活的攻击下毫无招架之力。不一会儿,螳螂就以绝对的优势战胜了蝉,蝉狼狈地从树上掉了下来。

王朗被两只动物的"争斗"所吸引,他在心里盘算:螳螂能打败蝉,这其中一定有原因。

于是他回到家后,捉了许多螳螂放在家里,一有空闲就仔细地观察螳螂的一举一动。另外,王朗还不时地用草梗挑逗螳螂,引诱螳螂攻击。慢慢地,他发现了螳螂攻击的特点——有效运用两只前臂做出劈、砍、夹、闪的动作。

王朗产生了一个大胆的念头——向螳螂学习攻击!

王朗把自己平日观察来的螳螂的攻击动作记录下来,

然后加以改编，创造出勾、搂、采、挂、崩、劈等技法，并不断勤加练习，终于将螳螂捕蝉的功法领悟并融会在自己的拳理中。

一转眼数年过去了，王朗觉得自己的拳术精进了不少，于是他再次来到少林寺，找到了当年的僧人进行比武。

比试时，王朗用自己编创的螳螂拳进行格斗，僧人几番闪躲都不能招架王朗的进攻，不得不甘拜下风，让王朗进入了少林寺。

少林寺的方丈听说王朗运用独特的武术打败了少林武僧的事情后，忙与王朗见面，希望王朗能将他自创的拳术传给少林弟子们，王朗爽快地答应了。自此，螳螂拳传入少林寺。

后来，螳螂拳又传入民间，演变出了太极梅花螳螂拳、七星螳螂拳、六合螳螂拳三大流派。此外，螳螂拳还衍生出通臂螳螂拳、摔手螳螂拳、光板螳螂拳、八步螳螂拳等不同类型的螳螂拳。别看螳螂拳有这么多派别和类型，但它们有一个共同的特点——动作上模仿螳螂捕食，打起来运臂如刀，刚柔并济，进退自如。这也是螳螂拳谱所说的"移动

靠腰腿，力蓄在裆腰，挡风挡雨两臂摇"。

想象一下，能把手臂运用得像两把大刀，该有多么威风呀！

螳螂拳

形动意随的形意拳

形意拳,又称"心意拳""六合拳",是我国传统拳术中重要的一种,与太极拳、八卦掌齐名。

大家都知道抗金英雄岳飞吧?传说岳飞为了提升军队战斗力,编创了一套攻击力强、实用性高的拳术——形意拳。该拳是岳飞向山中的凶禽猛兽学习,结合五行生克规律编创而成。

当然,岳飞编创形意拳的说法至今没有找到明确的证据加以印证。目前武术界一般认为形意拳是明末清初一个叫姬隆丰的人编创的,最初被人们称为"心意拳"。

姬隆丰在研究前人拳法的基础上，经过细心琢磨，编创出了心意拳。后来，姬隆丰在山西传拳术给安徽人曹继武，后来又由曹继武传给了马学礼、戴隆邦。盛行于今的形意拳定型于河北深县（今河北深州）的李洛能，他曾拜戴隆邦为师。

在旧社会学艺，不像现在在学校里学习。那时候，师父要对徒弟进行长时间的考查，只有人品优、心够诚、肯下苦功的人才有可能被师父纳入门墙。

李洛能当年学艺就是如此。有一次，戴隆邦的母亲过大寿，徒弟们都拿出看家的本领来练一练，给大家助兴。

李洛能也练了一趟，但他打了半套拳就停下了。为什么呢？因为师父只教了他半套！

但是李洛能一点儿都不含糊，他把这半套拳打得认认真真，动作也很到位。师父戴隆邦看得很感动，觉得李洛能是个踏实学艺的人，于是就把心意拳全部传授给了他。

李洛能跟随戴隆邦学习心意拳十年后终于出师。拜别师父返乡后，他广收门徒传拳授艺。在这个过程中，他吸收道教养生观念，结合自己的武术实践，将"心意"改为"形

意",形意拳由此产生。

内外兼修,是形意拳最大的特点。"内",就是人的意识、精神;"外",就是人的形体。练习形意拳的宗旨,就是要"以意领气,内外兼修"。这样说大家可能感觉难以理解,其实用一句通俗的话来形容就是"外练筋骨皮,内练一口气"。

形意拳的"形",是模仿十二种动物[龙、虎、猴、马、鸡、

鹞、燕、蛇、鼍（tuó）、鲐、鹰、熊］的特长和技能编成的基本拳法。

　　自然界中，小到蚂蚁，大到大象，为了适应环境，都有其独特的生存技能。例如非常具有灵性的小猴子，它们的灵活性堪称动物界之最；又比如熊，虽然看上去笨拙，却是当之无愧的大力士。

　　大家可不要以为，学习形意拳就是单纯地模仿动物的动作，那样可就大错特错了。我们学习形意拳，是要通过观察动物的动作发现它们的特长和技能，进而去学习它。例如在学习虎形时，我们学习的不是老虎的爬行动作，而是要吸取老虎在搏斗时的特殊技能——扑，并根据人体的生理条件，把"虎扑"融入动作中，成为搏斗技艺，这才是我们向动物学习的最终目的。

　　"形为表，意为本。"说完了形意拳的"形"，我们再来看看它的"意"。

　　"意"，指人的意念、意识、精神，换句话说，就是人的精、气、神。形意拳特别强调"以意领气"，所以这一部分又叫"意拳"。

我们的 国粹

有的同学说了,我还是不知道到底什么是"意",感觉难以理解。其实,"意"就是传说中的"内功"。练好内功可以使人精神饱满、身体强壮,从而为锻炼外在形体提供条件。所以说,"意"的修炼在形意拳的练习中起着至关重要的作

用。

　　形意拳具有良好的健身效果,是一种独具中国特色的养生之术。而且,形意拳的练习老少皆宜:老人练习可以预防疾病,延年益寿;青少年练习可以促进发育,强身健体。

走转摆扣的八卦掌

大名鼎鼎的八卦掌,又叫"八卦连环掌"。不过,这里的"八卦"可不是指我们平时所说的娱乐新闻,而是一个和"易学"有关的词。同学们一定不要弄混哟!

八卦掌最初是在清代由一位名叫董海川的人编创的。

董海川,原本叫董明魁,出生在河北文安县的一个小村庄。他从小就十分痴迷武术,精通很多种拳术和兵器,加上他刚直、疾恶如仇的性格,所以经常出头为弱者打抱不平。家人担心他这种性格容易招来麻烦,就给他改名"海川",意在时刻提醒他做人要像大海容纳百川一样胸怀宽

广,千万别再像从前一样。

俗话说得好,江山易改,本性难移。改了名字的董海川经过岁月的磨炼,个性成熟了许多,但是疾恶如仇的脾气一点儿都没有改变。

有一次,董海川仗义出手救了一位姑娘。但是这一次把事给闹大了,因为他把强抢民女的朝廷命官给打死了,这可是重罪,按当时的律法规定是要被斩首的。情急之下,董海川改名换姓后躲进了北京肃王府,在厨房默默无闻地做了一名帮工。

董海川在肃王府当差多年,一直很低调,从不在外人面前显露自己的功夫,因此大家都不知道身边还有一位武功高强的人。

然而,是金子总会发光的。一个偶然的机会,董海川暴露了自己的武功。

这一天,肃王在府里摆宴请客,来的客人很多,肃王非常高兴,于是叫来护院总管沙回回,命他练几招为大家助兴。

肃王命董海川上茶,但是看沙回回表演的宾客太多

了,把路围了个水泄不通,根本走不过去。董海川心里着急了:王爷还等着我上茶呢,这要是慢慢挤开人群过去的话,茶就凉了。

来不及细想,他手托茶盘,施展开闪展腾挪的功夫,一下子就上了大殿,落地的时候茶盘里的茶水竟然一滴未洒!

肃王和宾客们都大吃一惊,谁都没有想到这个端茶送水的人竟有如此好的身手。

肃王问道:"你也习过武?"

董海川答道:"只练过几招拳脚功夫。"

肃王来了兴致,加上宾客们在旁边起哄,于是命董海川再练上几招。

董海川便练起了"转掌之术"。只见他身形似行云、如流水,脚底生风,时而翻身如雄鹰,时而转身如泼猴,时而跃起如小燕,变化万端……在场的所有人都看得目瞪口呆,全场鸦雀无声。正在此时,董海川一个提气腾空,轻灵跃起数尺之高,如旋风旋转般而下,落地无声。

大家纷纷叫好,肃王大喜,马上就赐他取代沙回回做

了护院总管。

后来，董海川将自己所学武艺结合易学八卦之理，始创八卦掌，并开门授艺广收门徒。

董海川在大家面前展示的转掌之术，就是最初的八卦掌。所谓"转掌"，就是"以掌代拳，步走圆圈"之意，这也是八卦掌的基本步法。

八卦掌同时注重身法的灵活性，要求练习者在不断走圈中改变敌我之间的距离及方向,避正击斜,伺机进攻。出手讲究随机应变,发挥掌比拳灵活多变的特性。其手法有推、托、盖、劈、撞、搬、截、拿等。

由于董海川授艺注重因材施教,很多弟子又是带艺拜

八卦掌

师,因此在董海川之后,形成了程式八卦掌、尹式八卦掌、梁式八卦掌、史式八卦掌等不同的流派。如今,八卦掌的练习者已经遍布海内外,八卦掌成为世界人民普遍喜爱的健身、自卫项目。

第3章

德艺双馨的武术大师

一口气给大家介绍了这么多各具特色的武术流派,想必同学们一定迫不及待地想要学会这些"神功",一闯江湖了吧?

别急,要想成为一代侠客,光凭一腔热情可是远远不够的哟!

古往今来,中华大地上产生了许许多多的武术大师。他们意志坚定,志存高远,勤学苦练,对武术的热爱到了痴迷的地步。所谓"宝剑锋从磨砺出,梅花香自苦寒来""冰冻三尺,非一日之寒",为了学好真本事,这些武术大师克服了许多常人难以想象的困难,忍受了许多常人难以忍受的痛苦,才奠定了他们在武术界的地位。

更有数不清的武林豪杰,不仅武艺精湛,他们的爱国情怀更是值得称赞和敬佩,堪称"德艺双馨"的典范。

下面我们要给大家介绍的这些武术大师,已经给我们树立好了榜样。让我们来看看他们具有怎样的人格魅力,又是怎样成为一代宗师的吧!

十三棍僧救唐王

话说隋代末年天下大乱,各路诸侯自立为王,导致整个国家战火弥漫、民不聊生。

在当时的国都洛阳城,野心勃勃的太尉王世充企图谋权篡位,但是他感到天下正直侠义的武林人士对他是极大的威胁,所以一方面下达了"禁武令",禁止民间普通百姓习武练武;另一方面又命令手下四处笼络武功高强的人作为自己的爪牙。

河南登封有一个民间传说:那时在嵩山少林寺有一个叫作昙宗的和尚武艺高超,在武林中有很高的威望。于是王世充就想让昙宗做自己的护卫,防止别人来暗杀自己。

可是昙宗一心向佛,对于王世充许诺的荣华富贵不屑一顾,这激起了王世充的强烈不满。心胸狭隘的王世充想:既然你不能为我所用,那么我也要防止你为别人效力,成为我的敌人。

于是,他开始派人追杀昙宗。

在躲避追杀的途中,昙宗认识了年轻的李世民。李世民极力邀请昙宗跟他一起讨伐王世充,解救处于水深火热中的洛阳百姓。

昙宗说道:"尽管我也想为民出一分力,可是我不能忘记自己多年参禅修习的本心。出家之人早已经跳出三界外,不在五行中。"虽然没有加入李世民的讨伐大军,但昙宗还是默默关注着李世民的举动。

不久,李世民再次领兵讨伐洛阳,奸猾的王世充死守城门,不出一兵一卒,两军隔着护城河对峙了好久。

为了刺探军情,李世民带领秦琼、程咬金打扮成平民的模样,渡河前往王世充的军营处。不料消息走漏,三人被王世充擒获。

昙宗听闻消息,便立刻率领僧丰、僧满、道广、智守等十二名少林武僧,冒死潜入洛阳城营救李世民等人。师徒十三人冲进了固若金汤的洛阳天牢,闯过了重重机关,终于解救出他们。当大家正要离开天牢的时候,却发现自己已经被王世充的军队团团围住。

心怀悲悯的昙宗向李世民请缨说:"眼前的士兵也都是有妻儿老母的,出家人以慈悲为怀,请您在这里稍候片刻,剩下的就交由我们来负责吧。"

只见昙宗一声令下,少林十三武僧依照"五行""八卦"原理摆出一个进可攻、退可守的"罗汉奇门棍阵"。武僧们如闪电暴雨般将前来劈杀的士兵手中的兵器一一打落,却并不伤害士兵分

毫。这些本就厌恶了厮杀的士兵被少林武僧的慈悲所感化，纷纷让出一条撤离的道路，让这十三名少林武僧护送李世民等人逃离了天牢。

获救后的李世民带领唐军征战天下，势如破竹。李世民称帝后，曾邀请昙宗在朝中做官，说："昙宗师父你武功如此高强，又有排兵布阵的本事，不如跟我一起征讨边疆，安邦定国吧。"

谁知，清心寡欲的昙宗并不愿意入朝为官。他笑着表示自己渴望重回少林，重整寺院，振兴少林武学。

昙宗淡泊名利、超然洒脱的品格不仅深受李世民钦佩，也令世人永远景仰。

戚继光抗倭建奇功

明代有位大将名叫戚继光,是山东蓬莱人。

戚继光出身将门世家,童年时受到父亲的教诲,接受了严格的武术训练和文化教育,小小年纪就胸怀大志,立志长大后做利国利民的大事。

由于戚继光虚心好学、刻苦认真,他的武功造诣日渐深厚,不仅精通拳术,对枪术、棍术、射箭等也运用自如。但是他还不满足,虚心向武术名家唐顺之、抗倭大将俞大猷求教枪法、棍法。功夫不负有心人,在众多名师的指导下,经过多年的练习,戚继光终于成为一个文武兼修的人才。

明代嘉靖年间，日本的海盗经常侵扰中国的沿海地区。他们和中国的恶霸、奸商相勾结，到处抢掠财物、杀害百姓，闹得沿海地区不得安宁，百姓苦不堪言。历史上称这些日本海盗为"倭寇"。

倭寇抢掠，常以几队、十几队甚至几十队的规模，用海螺号互相联络，偷袭海边的中国渔民。他们所用的倭刀杀伤力极强，又因为军队腐败，所以明军常吃败仗。

后来，倭寇的侵略越来越猖狂，所至之处，民不聊生。在这种情况下，为了镇压倭寇作乱，嘉靖三十四年，戚继光被调往浙江任参将，镇守宁波、绍兴、台州三府。

戚继光在与倭寇的多次作战中屡战屡胜，狠狠地打击了倭寇的嚣张气焰。但与此同时，通过与倭寇的实战，戚继光也发现自己的军队组织纪律涣散，严重影响了军队的战斗力。于是他决定招募新兵，制定了严格的标准，亲自把关筛选士兵。最后选定四千多人，编立队伍，分发兵器，精心安排军事武艺科目的训练，这支队伍被称为"戚家军"。

戚继光对拳术有着独到的见解。他认为，拳术虽不如刀枪剑棍等兵器在战场上的杀伤力大，但是可以活动筋

骨、锻炼身体，是习武者的入门课。

于是，戚继光结合自己抗倭御敌的实践经验，吸收当时多个门派的拳术精华，综合踢、打、摔、拿等技法，创造了实战性非常强的"戚家拳"，将其作为训练戚家军的重要内容之一，并择取了其中精妙的三十二势，记入他的名作《纪效新书》，为后人留下了宝贵资料。经过他的严格训练，戚家军的战斗力日渐增强，这支军队随着戚继光转战各地，取得了辉煌的战绩。

戚继光还认真研究了倭寇的倭刀、长枪、重矢等兵器的特点，又综合考虑到南方沿海多沼泽且倭寇势力分散的情况，独树一帜地创立了长短兵器相互配合、攻防兼宜的"鸳鸯阵"，大大提高了战斗力。此阵法每队有十一人，最前一人为队长，旁边两人夹长盾，后面有两人手持戚继光狼筅(xiǎn)，再后面有四人夹长矛、长枪，尾部是两人夹短兵器。此阵法可在作战时随机应变，变纵队为横队就叫作"两仪阵"，两仪阵又可以变为"三才阵"。三才阵攻防兼宜，尤其适合在山林、小道、田埂等狭窄的地形作战。

就这样，倭寇在哪里作乱，戚家军就打到哪里。凭借顽强勇猛的精神和独特的鸳鸯阵法，戚继光在东南沿海一带把倭寇打得晕头转向，望风而逃。

后来戚继光转战福建，与福建总兵俞大猷、广东总兵刘显等实现了平海卫大捷。从此，沿海一带的倭患被肃清，靠海生存的人们又过上了安定幸福的日子。

戚继光不仅是明代杰出的军事家、民族英雄，更是伟

大的武术家。利用宝贵的作战间隙,戚继光将自己多年抗击倭寇的经验进行了整理与总结,写下了《纪效新书》《练兵实纪》等具有军事武艺性质的武学巨著,为后人研究、练习武术留下了宝贵的历史资料。

戚继光雕像

杨露禅"偷"拳陈家沟

喜欢锻炼的同学肯定知道,很多老爷爷老奶奶喜欢在公园练习一种舒缓柔和的拳术。他们呼吸着清新的空气,在清晨的第一缕阳光下舒展筋骨。

大家知道这是什么拳吗?没错,是太极拳。可是你知道吗?在很久以前,太极拳可不是谁想学就能学到的。

清代初年,在河南陈家沟流传着一种神秘拳术,这种拳术进可攻、退可守,内外兼修,在陈家沟内人人皆会。因而,当时的陈家沟成为武学的圣地。

这样一个令人向往的武术圣地,这样一种神秘的拳

术,引得河北的武痴少年杨露禅日思夜念,他决定独自前往陈家沟拜师学艺。

那时可没有火车、汽车等现代化的交通工具,杨露禅靠步行,历尽千辛万苦,终于从河北永年来到了河南温县陈家沟。来到陈家沟后,杨露禅一路打听着来到陈长兴家,虔诚地要求拜师,希望他能收自己为徒。可是陈长兴说:"陈家太极拳一向不传外姓人,你还是另访名师吧。"

杨露禅这才知道,原来这种神秘的拳法叫太极拳,并且只传给陈家沟内的陈姓族人。

杨露禅苦求无果,正愁不知去往何方的时候,他发现陈长兴家正在招收仆人。于是,杨露禅灵机一动:既然现在不收我为徒,我就想办法先留在这里,等待时机再向陈长兴拜师学艺吧。

就这样,杨露禅成为陈长兴的家仆,

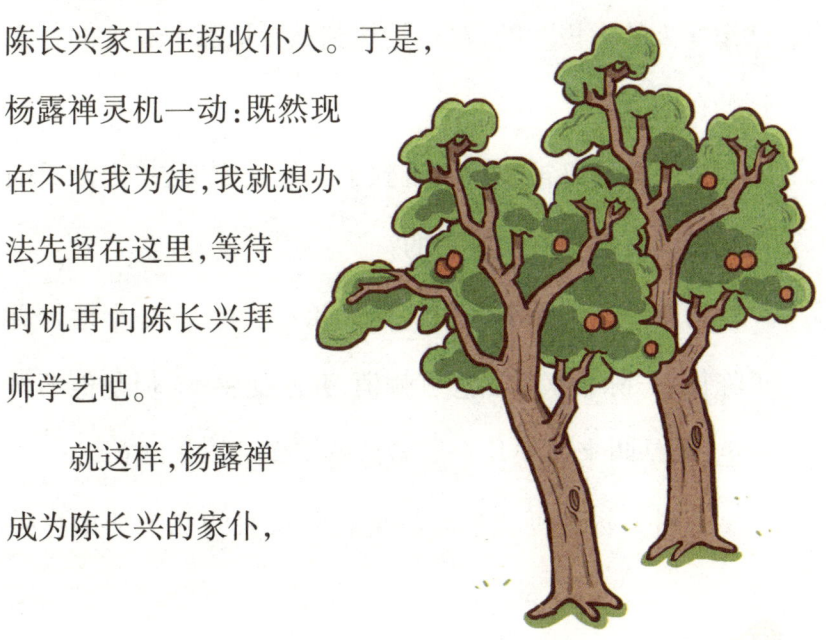

一待就是好几年。

一天晚上,杨露禅在花园里打扫,忽然听见有人在讲话。他跑到墙角一看,原来是陈长兴在给陈姓族人讲授太极拳。

杨露禅内心十分激动,他忍不住停下手中的活计,在墙角边认真地学习起来。从这天起,杨露禅每晚都偷看陈长兴讲课,白天就趁空闲的时间在小树林里勤加练习。

不知不觉几年过去了,杨露禅的太极拳也日益精进。

有一日,杨露禅和另一个高高壮壮的仆人发生了争执,两人扭打在一起。争执打斗间,杨露禅不自觉地用了自己偷学来的太极拳的招数,没想到竟然把那个高大的仆人打翻在地。

这一幕恰好被陈长兴看到了。他又惊又怒,大声质问杨露禅:"是谁教你太极拳的?"

杨露禅急忙跪下,将自己偷学的经历一五一十地告诉了陈长兴。陈长兴听后怒气顿消,并深受感动。但是他不露声色,而是叫来他的几个徒弟与杨露禅过招儿比武。

不料,杨露禅竟然轻易地将陈长兴的几个徒弟打败

了。见此情景,陈长兴才面露喜色道:"好,很好!你很有武学天分哪,加以练习,日后必成大器。这次我就破例收你为徒,将我陈家太极拳的精义全都传授给你。"

杨露禅听了非常开心,规规矩矩地给陈长兴叩了三个头,拜他为师,成为陈氏太极拳外传的第一人。十年间,杨露禅终于学得了陈氏太极拳的精髓。

出师后,在武禹襄的帮助下,杨露禅来到北京闯荡。矮小的他一连打败了许多京津冀的著名武师,人们都惊奇地

称他为"杨无敌"。

当时，慕名而来向他学习武艺的有很多王公贵族。由于平时缺乏锻炼，这些人的体质比较柔弱，适应不了陈氏太极拳刚猛的动作。于是，杨露禅开始舍弃陈氏太极拳中震脚发力的动作，并将一些高难度的招式简化，使之柔和舒展，便于学习。沿此路径，经过杨健侯、杨澄甫等杨露禅后人的努力，最终形成了我们现在常看到的"杨氏太极拳"。

正是因为杨露禅对武术的痴迷和不懈的追求感动了陈长兴，才让陈长兴不惜违背祖制传艺于他，这才有了今日的杨氏太极拳。如果当年的杨露禅求学被拒后便轻易放弃了，没有靠着对武术的痴迷和坚定的信念坚持下去，他还能成为一代太极拳宗师吗？

郭云深狱中苦练崩拳神功

清代末年,在河北深县有一位武术名家,名叫郭云深。郭云深自小就练习拳术,但是练了好几年却进步不大,为此,他常常感到苦闷不已。

慢慢地,郭云深意识到,没有名师指引,光靠自己苦练是很难取得什么成就的。于是他四处打听,希望寻找一位高手拜师学艺。一次,他听说"神拳大师"李洛能在河北传拳授艺,便兴冲冲地来到李门向其拜师。然而,李洛能选择徒弟的标准非常严格,而且他认为郭云深的性格刚烈好斗,所以就婉言拒绝了。

尽管被拒之门外，郭云深却没有灰心。他留了下来，每天在旁边观看李洛能练习形意拳，然后自己揣摩并偷偷练习。他坚持了三年，李洛能只是冷眼旁观，并不说什么，内心却开始认同这个坚忍的少年。直到一天夜里，李洛能发现，郭云深因为练拳劳累过度，睡觉时从床上摔下来都没有醒，李洛能终于被感动，决定将形意拳倾囊相授。

在李洛能的教导和指点下，郭云深练拳更加勤奋刻苦，行、走、坐、卧无一刻不在练功。十数年间，郭云深的功夫日渐精进，最终成为李洛能最得意的弟子。

清代同治年间，因铲除恶霸，郭云深犯了人命官司。按照当时的律例，理当被判处重刑。但负责查案的官员认为郭云深虽然杀了人，但属于为民除害，于是判为误伤人命，监禁三年。

入狱后，郭云深仍苦练形意拳中的崩拳。但因为戴着脚镣行动不便，郭云深便将崩拳的动作改造成了"半步崩拳"。白天，郭云深在牢狱中练习半步崩拳，到了晚上，就被喜爱武术的狱卒偷偷放出，教习拳术。三年过去了，郭云深重获自由，而此时他自创的半步崩拳绝技已到了炉火纯青

的地步。

郭云深出狱后，去拜见恩师李洛能。李洛能十分高兴，在家摆宴为他庆祝。酒足饭饱后，李洛能有些遗憾地问他："徒儿，你在狱中待了这么久，功夫恐怕都荒废了吧？"郭云深听了立即起身，说道："师父，弟子牢记您的教诲，不敢偷懒，只是因为牢里练拳不便，就把您教的上步崩拳改为半步崩拳了。弟子不才，改拳实属无奈之举，还望师父原谅。"李洛能听后微微一笑，说道："无妨无妨，先让为师看一下你的半步崩拳吧。"

于是郭云深走到院子里，信步走到半截儿土墙前，一招半步崩拳猛击在墙身上，只见土墙摇晃了一下，应声而倒。李洛能一看，大喜过望，连连称赞："改得好！改得好！当真是艺无止境呀！云深，你这半步崩拳刚猛率直，有力拔泰山之势。你不妨出师云游一番，看看你的半步崩拳到底有没有敌手。"郭云深知道自己闯荡江湖的时候已到，非常兴奋，第二天一早就收拾好行装，拜别了师父。

郭云深自深县出发，每到一地，就遍访当地高手，切磋武艺。果然，他那半步崩拳刚猛无比，无人可挡，对手纷纷在郭云深的拳下拜服认输。于是，郭云深凭着半步崩拳一技成名。

后来，郭云深来到京城拜访八卦掌始祖董海川，与之切磋交流，每天两场，连战三天。数场比试下来，两人竟不分胜负。经过交手，他们彼此掌握了对方的技艺特点，并为对方的武艺所折服，于是结拜为师兄弟。随后三个月的时间里，两人在一起研究形意拳、八卦掌的动作和理法,互有所得。自此,吸取了八卦掌精髓的形意拳被郭云深发展到了一个新的高度。

　　郭云深在狱中仍能坚持苦练拳术,还创造性地发明了半步崩拳,出狱后又不断吸收其他武术流派的精华而将形意拳发扬光大,这需要多么大的毅力呀!这位武术大师用自己的实际行动向我们证明了一个道理:只要心存理想并不断为之努力,什么都不能阻挡成功的脚步。

王芗斋参学万里创意拳

在河北深县，有一个自幼体弱多病的少年，名叫王芗斋。

王芗斋，字宇僧，少年时期恰逢八国联军侵华之际。当时的清政府腐败无能，祖国大地横遭列强的铁蹄践踏，王芗斋幼小的心灵里埋下了对外来侵略者仇恨的种子。同时，中国人民自发地组织起来，与侵略者进行不屈斗争的事迹又激励着他，于是他决定习武以强身健体，将来好报效祖国，成就一番事业。

王芗斋的母亲原想变卖家产，送他到日本留学。但是看儿子执意学武，又见他瘦弱如灯，身患哮喘病，确实需要练练武。母亲便问他："学武需要拜师父。如今拳派丛生，你想拜谁为师呢？"

王芗斋脱口而出："郭云深大英雄！"

郭云深武艺高超，曾以一式半步崩拳打遍天下，在当时的武术界被尊为拳法大师。少年王芗斋十分聪明，又勤奋好学。郭云深收其为徒后，十分喜欢这个弟子，特意将他留在家中习武。

在郭云深的精心指点下，小芗斋不仅身体变得强壮起来，而且功夫大有精进，没几年就掌握了郭云深拳术的精髓，还不满二十岁，就已成为一代名师。

虽然少年成名，王芗斋却没有骄傲自满。师父郭云深去世后，王芗斋为寻求更高层次的拳学真谛，决定闯荡江湖。

1907年，王芗斋离开河北深县老家，先后在北京、天津一带拜师访友，武功得到了进一步提升。

1918年，王芗斋出游河南，在嵩山少林寺遇到了高僧恒林法师。恒林是当时少林派武术中的佼佼者，两人一见

如故，便一起切磋武艺、取长补短。

在少林寺期间，恒林的师父对聪颖勤奋的王芗斋很是喜爱，在拳理方面给予了精心的指导，使王芗斋受益良多。

在少林寺住了几个月之后，王芗斋与恒林和他的师父告别，又踏上了征途。

1919年，王芗斋抵达湖南，得遇"江南第一妙手"解铁夫先生。两人都是拳术有成的大家，切磋煞是好看：解老鹤拳精妙，身法敏捷，出招时像仙鹤腾空一般轻巧快捷；王芗斋功底深厚，只见他双手持剑，横扫竖劈，看上去动作好像不如解老那样迅速，却总能先发制人。比试的结果两人各有胜负，但经过这次切磋，二人都十分敬佩对方，成了莫逆之交。他们白天在一起切磋拳术，晚上就脚挨着脚躺下，接着白天的话题一直讨论到沉沉睡去。

1922年，王芗斋在福建的南少林寺，又与南派少林鹤拳高手方恰庄相会，两人互相交流学习，都获益良多。

1924年，王芗斋在淮南又得遇形意拳大家黄慕樵，对拳学理论有了进一步的理解。

就这样，王芗斋在漫漫的参学路上，结识了一位又一

位良师益友，既开阔了眼界，又增长了学识。随着他的足迹遍布大江南北，他的拳术也达到了炉火纯青的境界。

1920年前后，王芗斋在上海教授形意拳时，发现很多习武者在练拳时都片面地追求"形似"，而忽略了对拳法内在的"意"的追求，但形意拳的精髓正在于以"意念"引领动作，这使王芗斋感到不安和焦虑：这样练下去，岂不是本末倒置？为

了纠正这种错误倾向,能够时时提醒学生注意,王芗斋直接将他所教的武术改称为"意拳"。

1928年,王芗斋在上海牛庄路成立了"意拳社",正式传授意拳。意拳一出,以其独特的风格引起了武林的广泛关注。

1940年,王芗斋所创立的意拳无论是在拳理、拳法还是在技击与养生方面,均已相当成熟。张璧在北京四存学会体育班演讲时推崇王芗斋所创的意拳,将之称为"大成拳"。此后,意拳又有了"大成拳"的称谓。

时至今日,意拳在拳术界长盛不衰,练习者越来越多。目前,该拳已名列第四批国家级非物质文化遗产名录。

从少年时期拜师学艺,到参学万里征途,再到后来开创意拳,王芗斋不仅锻炼了自己的体魄,从一个身患哮喘病的柔弱少年变成一代武术大师,而且身体力行地诠释了一个武术人应有的追求卓越、永无止境的精神境界,给当代青少年树立了榜样。

大刀王五与谭嗣同的情谊

清代晚期,以康有为、梁启超为首的戊戌变法失败,慈禧太后下令镇压,康有为、梁启超外逃,而戊戌变法中的其余主要人物谭嗣同、杨锐、林旭、刘光第、康广仁和杨深秀六人被捕,并于1898年9月28日被斩首于北京菜市口刑场。这六个人,史称"戊戌六君子"。

"戊戌六君子"之一的谭嗣同出身官宦之家,从小就在父亲的教诲下熟读四书五经。但是,少年时期的谭嗣同喜动不喜静,他对通过科举考试取得功名一点儿都不感兴趣,经常在读书之余叫上小伙伴一起去山林里练习骑射打

猎。

渐渐地,谭嗣同开始不满足于骑马、射箭、打猎,而喜欢上了武术。经人介绍,他开始跟随大刀王五学习武艺。

这个王五在近代武林可是个响当当的人物。他是当时京城头号镖局——顺源镖局的镖师,不仅位列"晚清十大高手",还与黄飞鸿、燕子李三、霍元甲这些武林宗师齐名。

王五本名王正谊,字子斌,祖籍河北沧州,因拜双刀李凤岗为师,排行第五又善于刀法而被称为"大刀王五"。王五是地道的绿林侠客,不但武功高强,而且结交广泛,上到王公贵族,下到街头混混儿,他都能交上朋友。而最为人称道的,莫过于他与谭嗣同的深厚友情了。

谭嗣同在少年时期就结识了王五。在相处的过程中,王五慢慢被谭嗣同渊博的学识、深厚的爱国情怀所感动,而谭嗣同则为王五精湛的武艺所折服。两人以兄弟相称,情同手足。

谭嗣同曾经游历祖国大江南北。在这个过程中,他不仅开阔了眼界、增长了学识,还结识了一批志同道合的人。心怀天下的他越来越意识到,中国需要进行改良。

戊戌变法开始后，谭嗣同积极投身于变法的宣传中，著书、开学堂、办报纸，向百姓们宣传自由平等和人格独立的思想，对君主专制、三纲五常进行了猛烈抨击。

遗憾的是，由于清政府中反对派的强烈抵制，慈禧太后发动政变，戊戌变法进行了一百零三天就失败了。

变法失败后，康有为、梁启超逃往日本，谭嗣同则被抓进了大牢。其实他本来有充足的时间逃跑，大刀王五也苦

苦劝他去日本避祸,但是谭嗣同拒绝了。他说:"各国变法,没有不经过流血就能成功的。现在中国还没有因变法而流血牺牲的人,那就请从我谭嗣同开始吧!"

谭嗣同甘愿受刑的消息传来,大刀王五心急如焚,他怎么能眼睁睁地看着自己的好兄弟去送死呢?

侠肝义胆的王五打算去劫法场,救回谭嗣同!

行刑那天,王五约了一帮兄弟埋伏在囚车会经过的宣武门,打算囚车一来就杀上前去,救回谭嗣同。

不料,押送谭嗣同的囚车临时改变了行车线路,没有从他们埋伏的地方经过。等王五一行人赶到时,谭嗣同已经就义了……王五悲愤万分!

谭嗣同在北京没有亲人,变法失败后,他的朋友也死的死、跑的跑。这时,大刀王五挺身而出,冒险将他的遗体扛回去,购棺殡殓。后来,王五又把谭嗣同的骸骨运回湖南浏阳老家。一路上,王五始终不离灵柩左右。

不仅如此,为了继承谭嗣同的遗志,也为了给昔日好友复仇,义和团爱国运动兴起后,王五与义和团并肩作战,杀洋人、攻打教堂,给八国联军和清政府以很大的打击。据说，王五在几年后与八国联军的作战中英勇牺牲了。

英年早逝，谭嗣同是不幸的。但在短暂的生命里能结交亦师亦友、侠肝义胆的王五，谭嗣同又是极其幸运的。王五和谭嗣同的深情厚谊，向世人展示了习武之人的侠肝义胆，值得今天的我们学习、深思。

霍元甲上海滩展国术雄威

霍元甲,字俊卿。别看他的字如此俊逸,他可是实实在在地生长于天津的一个武术世家。霍元甲小时候体弱多病,他的父亲认为,儿子不具备学武的资质,担心他毁了霍家的声誉,所以从不允许霍元甲习武。

但是,年幼的小元甲痴迷武术且志存高远,父亲不肯教他,他就踏上了"偷拳"之路,偷偷地学习自家武艺。

俗话说得好,勤能补拙。小元甲虽没有父亲的亲自指点,但好在他肯吃苦肯钻研,因此在习武上进步很快。

一次,一个外地武师来霍家切磋技艺,结果霍元甲的几个师兄根本就不是人家的对手。正当父亲霍恩第准备亲自上阵时，一直暗中观察的霍元甲自告奋勇地走上前去。父亲不禁替他捏一把汗，心中暗自埋怨霍元甲如此鲁莽。可就在父亲想出手拦下他时，霍元甲已经很轻易地打败了对手。

父亲对此感到十分惊讶，一问才知，霍元甲一直在自学武艺。父亲被儿子执着的精神深深地打动了，同时也看到了儿子与生俱来的练武天赋，从此便打消了禁止儿子学武的念头。

在父亲的悉心传授下，霍元甲迅速成长为能文能武、深得霍家迷踪拳精髓的武者。后来霍元甲又拜访各地武术

霍元甲纪念馆

名家，集百家之长，汇各门精髓，将迷踪拳不断完善，发展成为京津一带有名的拳种。

1842年，丧权辱国的《南京条约》被签订后，上海成为西方列强侵华的据点，聚集了大量外国人。几年后，英国大力士奥比音在上海摆下擂台，声称要和中国人比试一下，还讽刺我们是"东亚病夫"。

这引来了各界爱国人士的强烈不满，大家决定找个高人来杀杀洋人的威风。

在好友农劲荪的邀请下，抱着为国雪耻、振奋民心的愿望，霍元甲从天津赶到上海，决定迎战奥比音。

奥比音向周围的人打听霍元甲的来历，得知对手来自天津，而且在天津赫赫有名，奥比音有点儿心虚，但是自己的话已经说出去了，协议也已经签了，很多人都赶来上海看他们比试，这时候若是反悔岂不是颜面尽失？

于是，他便以要霍元甲出重金做抵押为由，想让霍元甲知难而退，主动退出比赛。

在朋友的援助下，霍元甲表示愿意出钱抵押。可谁知铁了心要耍无赖的奥比音一计不成又生一计，又提出"西

方比武和中国不同，要比就比摔跤，而且打斗中不能用拳和腿"等许多条件，想影响霍元甲功夫的发挥。自信满满的霍元甲想都没想就答应了，并和奥比音约好了比武的日子。

这下奥比音彻底傻眼了，他明白自己这次遇上了一块硬骨头。再也想不出借口的奥比音干脆逃之夭夭，不敢前来应战了。

霍元甲随后在报纸上刊登广告说："你们外国人讥笑我们中国人是'东亚病夫'，我就是'病夫国'中的一名'病夫'，愿意在此与天下'健康者'一较高低！外国大力士，即便你有钢筋铁骨，我也没有半分畏惧。"

霍元甲这次真可谓"不战而屈人之兵"，还没交手就吓跑了英国大力士，让国人着实扬眉吐气了一把。反观大力士奥比音，先是口出狂言，而后百般抵赖，最后临阵脱逃的窘态，真是让人笑掉大牙！

经过这次与奥比音的较量，霍元甲名扬上海。许多人慕名而来，想跟随他学习武术。于是，霍元甲在好友农劲荪、陈公哲等人的帮助下，在上海创办了"精武体操学校"

（后改名为"精武体育会"），成为普及、传播中国武术的一个重要组织。

孙中山先生对霍元甲"以武保国强种"的理念和将霍家拳公之于众的高风亮节很是欣赏。在精武体育会成立十周年之际，孙中山亲临大会，为精武体育会的会刊撰写序文，并亲笔题写了"尚武精神"四个大字。

孙中山题写的"尚武精神"

"活猴"孙禄堂

在"中国武术之乡"的河北,诞生了一位有着"赛活猴"美誉的武术大师孙禄堂。

孙禄堂名福全,但他的命运却不像他的名字那样美好。在他九岁那年,父亲因病去世,母亲含辛茹苦独自抚养他。懂事的孙禄堂为了减轻母亲的负担,小小年纪就去地主家做帮工,贴补家用。但地主对孙禄堂很不好,干活儿稍微有些怠慢就会招致辱骂、责罚,甚至毒打。

后来,不堪地主严苛的孙禄堂决定拜师学习武艺,以备日后抗暴自卫、保家卫国。

孙禄堂先是向一位李姓拳师学习拳脚功夫。勤奋的孙禄堂总是把师父传授的动作反复操练，因此打下了深厚的基础。后来，孙禄堂又带艺拜师，先后跟随李魁元、郭云深学习形意拳，跟随程廷华学习八卦掌，跟随郝为真学习太极拳，并最终将毕生所学融会贯通，编创出孙式太极拳。

孙禄堂的武功深厚，有"天下第一手"的美誉。又因为他身法敏捷灵活，与他交手时根本近不了他的身，所以大家又称他为"赛活猴"。孙禄堂的名气传到了日本，自恃武艺高强的日本武士道高手坂垣一雄非常不服气，扬言道："孙禄堂的拳看起来软绵绵的没有劲力，若交手，我定能拧断孙禄堂的一条胳膊！"他还特意来到中国，向孙禄堂下了战书，要和他一较高下。

此时的孙禄堂刚刚经历了丧子之痛，但这个饱经风霜的老人并没有被悲痛打倒。他想：我苦心钻研武学，不就是为了弘扬武学，使人人爱武尚武、强健身体，振我国威吗？这些年国运不昌，外敌欺辱，民心不振，此次交手正好是个机会，胜了可以扬我国威，就算死了，我也是为国捐躯，死而无憾哪！

于是孙禄堂应下了坂垣一雄的挑战,并与他约好了比武的地点和时间。

到了比武那天,坂垣一雄得意扬扬、傲慢非常。孙禄堂不卑不亢地对他说:"先生远渡重洋来与我比武,我实在不敢推辞。不知道先生想怎么个比法呢?"坂垣一雄道:"我听说先生内功深厚,那就请您躺在地上,右手压在身下,左手放于胸前,我坐在您的腹部,抓住您的左手,您要是能起身就算您赢,如何?"

坂垣一雄提出如此无理的比武要求,在场的人听了都很气愤,纷纷在台下指责抗议。孙禄堂却面带笑容地同意了坂垣一雄的提议。

比赛开始后,身材高大的坂垣一雄跨坐在孙禄堂的腹部,两只手紧紧地抓住孙禄堂胸前的左手。裁判一声令下,孙禄堂便以内家拳的内劲抽出左手,随即以剑指点向坂垣一雄的下丹田,坂垣一雄便跌到了几尺开外。台下的观众们顿时哄堂大笑。

傲慢的坂垣一雄没想到自己这么轻易就败在了孙禄堂的手下,他恼羞成怒,恶狠狠地向孙禄堂扑了过去。孙禄堂暗忖,看来不给他点儿颜色看看,他是不会罢休的。于是便用形意拳中的转身法快速回身,又使一双推掌把坂垣一雄笨重的身体推出丈外,坂垣一雄一屁股坐在了墙脚。

这下,坂垣一雄终于明白,自己是打不过眼前这位高手的,于是灰溜溜地认输下台了。

第二天，坂垣一雄带着一大笔钱登门拜访，想要拜孙禄堂为师，被孙禄堂婉言拒绝了。

决不受外敌之礼的孙禄堂，表现了一代大师崇高的民族气节！

天下第一神腿——杜心五

在中华武术史上,有一位腿脚功夫十分了得的武术大师——杜心五。

杜心五从小练武,武学天分极高,到十三岁时,他的技艺在当地已是出类拔萃的了。

学无止境,谦逊的杜心五并没有满足现状、故步自封,他想继续拜师深造。于是,他效仿古人悬榜招师,在各乡镇集市上张榜,上面写着"凡能胜我者,即拜他为良师受教"。

比武拜师的牌子挂出后,应聘者虽然多,却没有一个人能打赢他。渐渐地,大家都知道这个十三岁"奶娃娃"的厉害了。

过了一段时间,有一个相貌奇丑的矮子前来应征。他介绍自己说:"我叫徐矮子。我不跟你比试,要么你就痛快地拜我为师,要么我这就走。"

杜心五一看,这徐矮子身材矮小、其貌不扬,心里还真是不服气。于是对徐矮子进行了几番试探,结果发现这徐矮子深藏不露,确实有些功夫,小心五这才下定决心跟随他习武。

徐师父的教学方法很特别。他在地上打好梅花桩,要求小心五两腿绑上五公斤重的沙袋踩桩走圆圈,如此一练就是三个月。

小心五几次恳求徐师父再教他一些别的功夫,徐师父总是摇头,说他还需要再练练。终于有一天小心五耐不住性子,一脸的不以为然。

徐师父只好说:"既然你不信我,那你就来试试,看你能不能打到我。"

杜心五早就想试试师父的本领,只是不好启齿,今见师父自己提出,正合他的心意,于是把手一拱,一个箭步跳

了上去,对准徐师父挥拳便打。

可是他使尽浑身解数,却拳拳落空,根本近不了徐师父的身。徐师父笑着说:"你拳头太小,要不用兵器来试试吧。"

可是就算用上兵器,小心五也无法碰到徐师父半根毫毛。他被徐师父的功夫震惊了,终于肯静下心来习武,专心致志地练习基本功。

原来,徐师父让小心五练习踩桩走圆,其实是在练习自然门的内圈法。

徐师父语重心长地说:"自然门的功夫首先要练气。踩桩走圆要轻松自然,动静相兼,气沉丹田,能虚能实。"在徐师父的指点下,小心五的手法、眼法、身法、步法都有了很大进步,尤其是腿功,越来越精进了。

几年后,杜心五学艺有成,决心去闯荡天下。

他来到四川的一个镖局毛遂自荐,要做镖师。几个老镖师见杜心五年纪轻轻口气却不小,就提出要看看他的本事。杜心五爽快地答应了。

刚一交手,杜心五就使出迅捷灵活的腿功,将老镖师

扫倒在地。倒地的老镖师不服气，要再打一次，可是接下来的四五个回合，杜心五都凭借出神入化的腿功将其击败，让老镖师心服口服。自此，杜心五便成为镖局的镖师，而他的"神腿"之名也随着他走镖而传遍大江南北。

后来，杜心五辞职回家潜心学习，还获得了到日本留学的机会。

本来杜心五是打算在日本静下心来好好读书，不显露自己会武功的。可是由于清政府的腐败无能，一些日本学生常常歧视中国留学生，这激发了杜心五强烈的民族自尊心。

一次，一群日本学生在操场踢球，球滚到了场边一位

中国留学生的脚边。一个日本学生老远就指着他喊:"笨蛋,还不赶快捡过来!"出于气愤,那位中国留学生没有理睬他们。这下可惹恼了那几个日本学生,他们气急败坏地跑上来,围着中国留学生就是一顿痛打。

杜心五看到这一幕,积蓄已久的怒火一触即发。他跑上前去拨开众人,大吼道:"你们欺人太甚!有种的吃我一腿!"

有个身体壮硕的日本学生见杜心五身材瘦小,根本就没把他放在眼里。他指着杜心五说:"你的猪腿,还是送到烤肉店去吧!哈哈……"周围的日本学生也发出一阵哄笑。杜心五忍无可忍,顾不上打招呼,瞄准他就是一腿!

一腿下去,只见那日本学生腾空扑倒在草地上,哇啦哇啦地怪叫。剩下的日本学生一拥而上,杜心五被围在中间。只见他沉肩扣足,动作迅猛,不一会儿就把十几个日本学生打翻在地,他们滚的滚、爬的爬,纷纷呼救讨饶。

从此以后,只要有杜心五在场,日本学生就再也不敢嚣张了。

1928年秋天,杭州举行了全国国术大赛,杜心五受聘担任评判员,应大会要求表演了"走圆场"。只见他先在台中央走圆圈,越走越快,最后几乎看不见他的人,只见一团黑影在晃动。当大家都看花了眼的时候,他突然停下了,站立不动,面不改色。观众们看得惊呆了,等回过神儿来,场内爆发出雷鸣般的掌声。大家称赞道:"这可真是中华第一神腿啊!"

"不怕百招会,就怕一招鲜。"同学们,武术重视基本功,强调要有特长,我们的学习也是一样。只有基本功扎实了,并发展出自己的特长,才能走得更远,从而实现自己美好的理想。

李小龙坚持文武双修

"我打!"赤裸上身,挥舞双节棍,一声尖啸过后,数名壮汉被打翻在地。

在西方,一提起"中国功夫",很多人都会不由自主地想到一个名字——李小龙。因为这个名字,在全世界掀起了功夫热潮;也是因为这个名字,英文字典里出现了一个新词"Kungfu(功夫)"。

李小龙足以征服世界的功夫是怎样练就的呢?

1940年,李小龙出生于美国旧金山市,原名李振藩。后来他跟随父母回香港居住。在那里,他度过了自己的童年和少年时期。

李小龙从小就非常聪明，但他不喜欢读书，生性爱动的他喜欢上了武术。

父亲发现了他对武术的兴趣，于是在他七岁那年，父亲决定教他练习太极拳。

父亲是这么打算的：儿子身体过于瘦弱，而且特别调皮好斗，练习太极拳不仅能强健他的身体，还能磨砺他的心性。

但是，年幼贪玩的李小龙没能理解父亲的良苦用心，他不喜欢太极拳。

他心想：太极拳的动作太慢啦，打起来简直像个老爷爷，太不实用！

在李小龙看来，习武根本不是为了强身健体，而是要

打败对手,用自己的力量和速度征服对方。

于是,十三岁的李小龙开始向当时的咏春拳大师叶问学拳。为了更快更好地提高自己咏春拳的水平,李小龙特意在家里摆了一座咏春木桩,每天对着木桩勤练不辍。

"我读书少,你不要骗我。"这是电影《精武门》中,李小龙扮演的陈真的经典道白。然而在现实中,李小龙读的书可一点儿都不少。

十八岁那年,李小龙踏上了去美国的求学之路。经过补习,他顺利地进入了美国华盛顿州立大学攻读哲学与心理学。

亲朋好友得知李小龙的选择后都疑惑不已,不理解小时候根本不爱读书的他,为什么要选择哲学这么高深的学问。

原来,这和李小龙小时候的争强好斗有关。

李小龙常常问自己:胜利了又能怎样?人们为什么总是把荣誉看得那么重要?什么样的胜利才是最光荣的?

导师告诉他:"哲学会告诉你为什么活着。"

于是,年轻的李小龙沉浸在了哲学的海洋中。他有一

个理想,那就是把哲学精神融入武术中。

在大学里,除了学习专业课外,他把精力都放在了研习武术上。李小龙并不是墨守成规的人,在研习咏春拳的同时,他还学习过洪拳、罗汉心意拳、西洋击剑、柔道、跆拳道、菲律宾魔杖、柔术等武艺。这些都开阔了李小龙的视野,为完善他的武学体系奠定了良好的基础。

经过精益求精的潜修苦练,李小龙的功夫达到了更高的境界。"李三脚""寸拳"和"勾漏(勾搂)手"更是李小龙闻名于世的绝招儿。

除了精通各种拳术外,他还擅长长棍、短棍和双节棍等各种武术器械,对气功、硬气功也有涉猎。

李小龙志向远大,他想把中国武术带给更多的人。在实战思想的指导下,他融会中西武技,创立了一种全新的、

科学的技击法——截拳道。

　　为了扩大影响，李小龙经常到各处参加武术比赛，并广设武馆招收学徒。世界上许多显赫的武打明星，如美国空手道冠军罗礼士等都争着拜他为师，连世界拳王阿里也曾登门拜访过他呢！

　　后来，李小龙主演的一系列以中国武术为题材的功夫电影，如《唐山大兄》《精武门》《猛龙过江》《死亡游戏》等，受到世界各地的影迷和武术爱好者的追捧。"李小龙"这个响亮的名字开始震撼全球，中国功夫让全世界都竖起了大拇指！

　　虽然李小龙的人生只有短暂的三十三年，但是世界各地的人们每年都举办活动纪念他。对喜欢他的人来说，李小龙是不朽的传说。